3

대한민국 공군 창설사
바우트원 3

1판 1쇄 인쇄 2020년 6월 22일
1판 1쇄 발행 2020년 6월 25일

글·그림 | 장우룡
펴낸이 | 김영곤
펴낸곳 | ㈜북이십일 레드리버

키즈융합부문 대표 | 이유남
키즈융합부문 이사 | 신정숙
전쟁사셀 팀장 | 최인수
책임편집 | 배성원 마정훈
영업마케팅팀 | 김창훈 이득재 임우섭 이경학 허소윤 윤송 김미소 오다은 송지은
제작팀 | 이영민 권경민

출판등록 2000년 5월 6일 제406-2003-061호
주소 (10881) 경기도 파주시 회동길 201(문발동)
대표전화 031-955-2100 팩스 031-955-2151 이메일 book21@book21.co.kr

ISBN 978-89-509-8831-9 07910
ISBN 978-89-509-8832-6 (세트)

책값은 뒤표지에 있습니다.
이 책 내용의 일부 또는 전부를 재사용하려면 반드시 레드리버의 동의를 얻어야 합니다.
잘못 만들어진 책은 구입하신 서점에서 교환해 드립니다.

6.25전쟁 70주년 기념 개정판

대 한 민 국 공 군 창 설 사

3

글·그림 | 장우룡

추천사

두려움과 무력감을 딛고 날아오르던, 그때의 우리를 잘 보여주는 책

6.25전쟁 중 한국 공군은 이제 갓 걸음마를 뗀 상태였다. 그때 우리는 비행기도 갖지 못했고 훈련도 부족한 상태였다. 100회 출격 이후 훈련 교관이 되었을 때도, 전투기 훈련을 시킬 수 있는 사람은 나까지 고작 2명뿐이었다. 그런 열악한 상황에서 우리는 늘 준비되지 않은 상황을 맞이할 수밖에 없었다.

예나 지금이나 전투기 조종사들에게는 '공포'가 가장 큰 적으로 다가온다. 나 역시 전쟁 가운데 동료의 죽음을 목도한 뒤, 언젠가 대공포에 맞아 떨어질 수도 있다는 두려움을 느끼곤 했다. 6.25전쟁 전까지 전투기 한 대 없었던, 그리고 전투가 벌어진 뒤에도 다른 나라에서 제공해 준 전투기를 몰고 출격할 때의 무력함 역시 우리들을 짓눌렀다. 그런 정신적인 어려움을 견디며, 전쟁이 가져오는 잔혹함과 두려움에 익숙해져 갔다.

전쟁은 정말 두려운 일이고, 절대 일어나서는 안 될 사건이다. 한반도에서 다시 전쟁이 일어나지 않으려면 우리가 강력한 국방 능력을 갖춰야 한다. 특히 오늘날 현대전에서는 공군이 가장 중요한 전력이다. 우리 공군은 양적으로는 충분하지 않지만 질적으로는 정상급이다. 하지만 전쟁을 수행하는 데는 사람이 가장 중요하다. 조종사, 정비사 모두 잘 준비되어 있어야 효력을 발휘할 수 있다. 전쟁사를 다룬 책들도 무기만이 아니라 전쟁 속의 사람을 잘 보여주어야 그 속에서 더 큰 교훈을 얻게 될 것이다.

그런 의미에서 당시 우리 공군의 모습을 대단히 사실적으로, 그리고 훌륭하게 묘사하기 위해 애쓴《바우트윈》의 장우룡 작가에게 감사를 표한다. 특히 이제는 작고하신 헤스 대령을 표현한 부분이 큰 의미로 느껴졌다. 헤스 대령의 위로와 격려가 없었다면 나의 100회 출격도 없었을 것이다(책 속의 헤스 대령과 한국 공군들의 모습을 보며 부족했던 우리를 다시 만나는 것처럼 그때를 추억할 수 있었다).

장우룡 작가는 과거 이 책을 준비할 때에도 참전용사들 직접 인터뷰하고, 무척 공들여 내용 하나하나를 완성했던 것으로 알고 있다(그런《바우트윈》이 개정판으로 다시 재조명되니 작가의 노고가 약간이라도 인정받는 것 같아 기쁘다). 앞으로 기회가 된다면 이 책 이후의 이야기도 연재할 수 있기를 바란다. 독자들도 이 책을 읽으며 6.25전쟁이 우리에게 무엇인지, 얼마나 중요한 사건이었는지를 살펴볼 수 있기를 소망한다.

2020년 6월
제11대 공군참모총장 예비역 대장 김두만

추천사 | 건들건들

"국가라든지 민족이라든지
허접한 스폰서를 잡아서 나는 수밖에 없는 거야."

애니메이션 <붉은 돼지>의 페라린 대사 中

—

《바우트원》을 처음 봤을 때 내 입에서 튀어나온 대사다. 밀리터리, 그것도 항공물, 거기에다 6.25전쟁이다. 장우룡이란 이름이 담지(擔持)하는 작화의 퀄리티, 내용의 참신성, 치밀한 고증은 후순위다. 이게 팔릴까 하는 '상업성'에 대한 고민을 할 수밖에 없다. 그런데 장우룡은 《바우트원》을 택시웨이로 끌고 갔고, 기어코 날아 올렸다. 그 비행은 아름다운 호를 그리면서 국내 밀리터리 팬들과 항공물 팬들의 눈과 심장을 사로잡았다.

작품 속에 등장하는 '신념의 조인(信念의 鳥人)'이라는 노즈아트 하나만으로도 이 책의 소장가치는 충분하다. 지금이야 정보가 넘쳐나는 시절이지만, 90년대 중후반만 하더라도 한국전에 참전한 한국군 무스탕 노즈아트에 관한 자료를 찾는 게 쉬운 일이 아니었다. 그리고 노즈아트의 문구가 '신념의 조인'이었고, 이 기체가 딘 헤스 소령이 탑승했던 기체란 사실까지는 정보가 있었지만, 6.25전쟁 당시 활약했던 한국 공군의 이야기에 대해선 알려진 사실이 적었다. 세월의 더께가 잔뜩 내려앉은 한국 공군의 이야기를 끄집어낸 게 장우룡이다. 고증이란 지옥을 어떻게 헤쳐 나왔는지 차마 물어볼 순 없었지만, 연재 당시 그가 마감보다 더 두려워한 게 고증오류였다는 사실은 증언해 줄 수 있다. 그래서일까, 이 정도 작품이 더 이상 연재되지 못하고 멈춰버렸다는 것이 무척 아쉬웠다. 건들건들 컬렉션의 두 번째 책으로 굳이 《바우트원》을 고른 것도 이런 아쉬움 때문이었다. 《바우트원》이 건들건들 컬렉션으로 다시 날아오르게 되어 정말 기쁘다. 이제 새롭게 시작될 《바우트원》의 비행에 갈채를 보낸다. 어쨌든 날아오르자. 활주로만 벗어나면 그 다음은 어떤 기류를 만날지 모르는 일이다. 장우룡의 건승을 기원한다.

종합 밀리터리 채널 건들건들

개정판을 내며

"이 만화를 이만큼까지 이끌어오게 한 것은 제가 아닌,
다른 분들과의 만남과 그 인연이었음을 밝혀두고 싶습니다."

초판 작가의 말 中

—

보통 이전 제 원고를 보면서 '와 이걸 어떻게 이렇게 했지? 정말 무식하게 밀어붙이기만 했구나.'라며 그때의 단순함에 스스로 감탄하곤 합니다. 그 과정에서 다시 만나게 되는 단순함과 실수, 많은 불합리에 감탄도 하고 또 여러 가지 생각을 하게 되지만, 결국은 이 모든 것이 즐겁고 감사할 따름입니다.

이 책을 재출간해 주시는 북이십일에 깊은 감사를 전합니다. 더불어 이 만화를 연재할 때 함께 고생했던 공군 관계자 여러분을 비롯해서 첫 출간에 도움을 주셨던 많은 분들께도 영원토록 감사의 말씀을 전합니다. 모든 일들이 스스로 애쓰고 결정한다고 해서 다 이루어지는 것이 아닐 수도 있음을 아는 지금, 꾸준히 다음 내용을 구성하고 보완해서 언제든 기회가 온다면 다음 시즌을 연재할 수 있도록 호시탐탐 기회를 노려보겠습니다.

저와 제 가족이 지금까지 건강함에 감사하며, 독자 여러분도 항상 건강하시길 기원합니다!

2020년 6월 장우룡

차례

추천사(김두만 장군)   4
추천사(종합 밀리터리 채널 건들건들)   6
개정판을 내며   7

1장 적, 그리고 친구   12
2장 연에 새겨진 인연   54
3장 곽경필, 비행의 꿈을 키우다   86
4장 혼란의 조국   112
5장 남쪽으로   140
6장 다시, 서울   174

Flight Records 1. 218
역사가 우리에게 건네준 기쁨이자 비극의 선물
독립(獨立)이 아닌 광복(光復)

Flight Records 2. 227
대한민국 공군의 시작
6.25전쟁 공군 100회 출격 전우회

Flight Records 3. 231
비행기에도 개성이 있다
6.25전쟁 속 한국 공군의 마킹

참고문헌 238

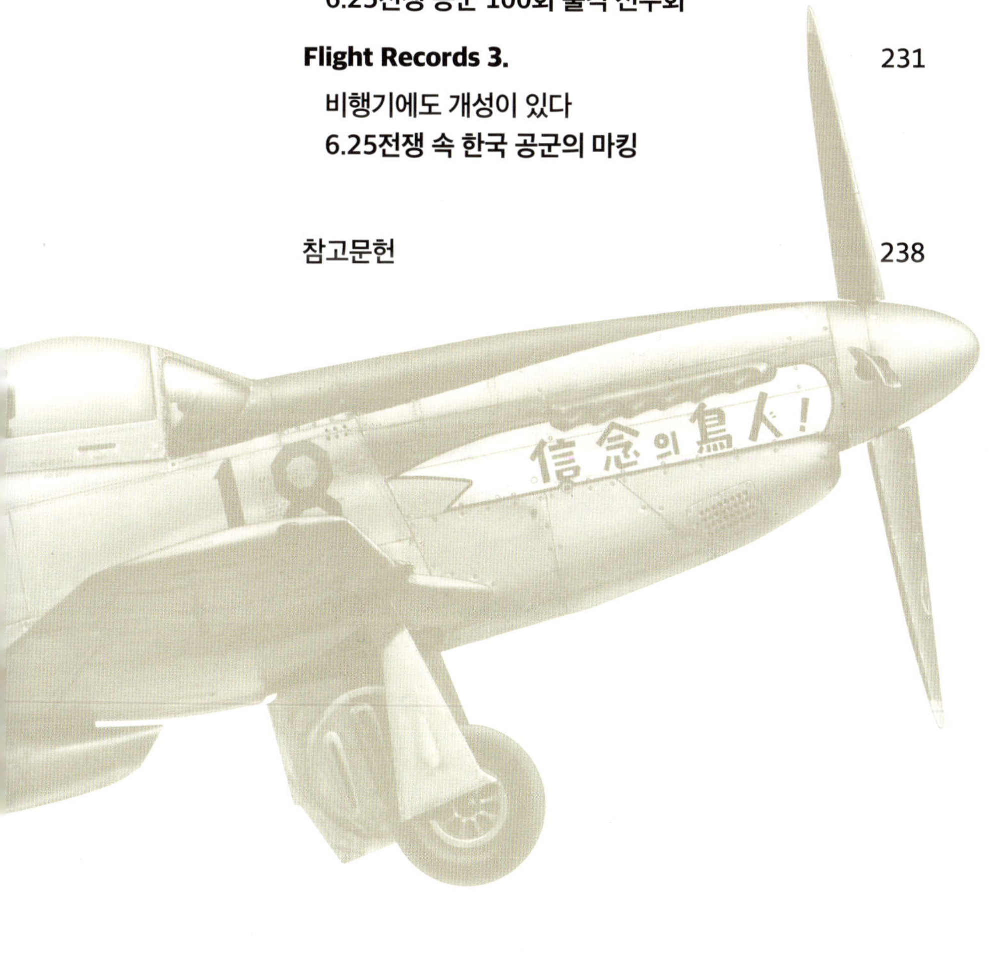

바우트 원
대한민국 공군 창설사

1장 적, 그리고 친구

타 타 타 타 타

푸 푸 푸 푸 푸 푸 푸 푸 푸

이봐, 위스키!!

구 구 구

흩어지라우!

뭉치지 말고 흩어지라우!

콜록

콜록

쿠 구 구 구

아무리 끝물 이지만 이건 너무 하잖아?!!

작전 중에 졸지 말고 제대로 좀 해 봐.

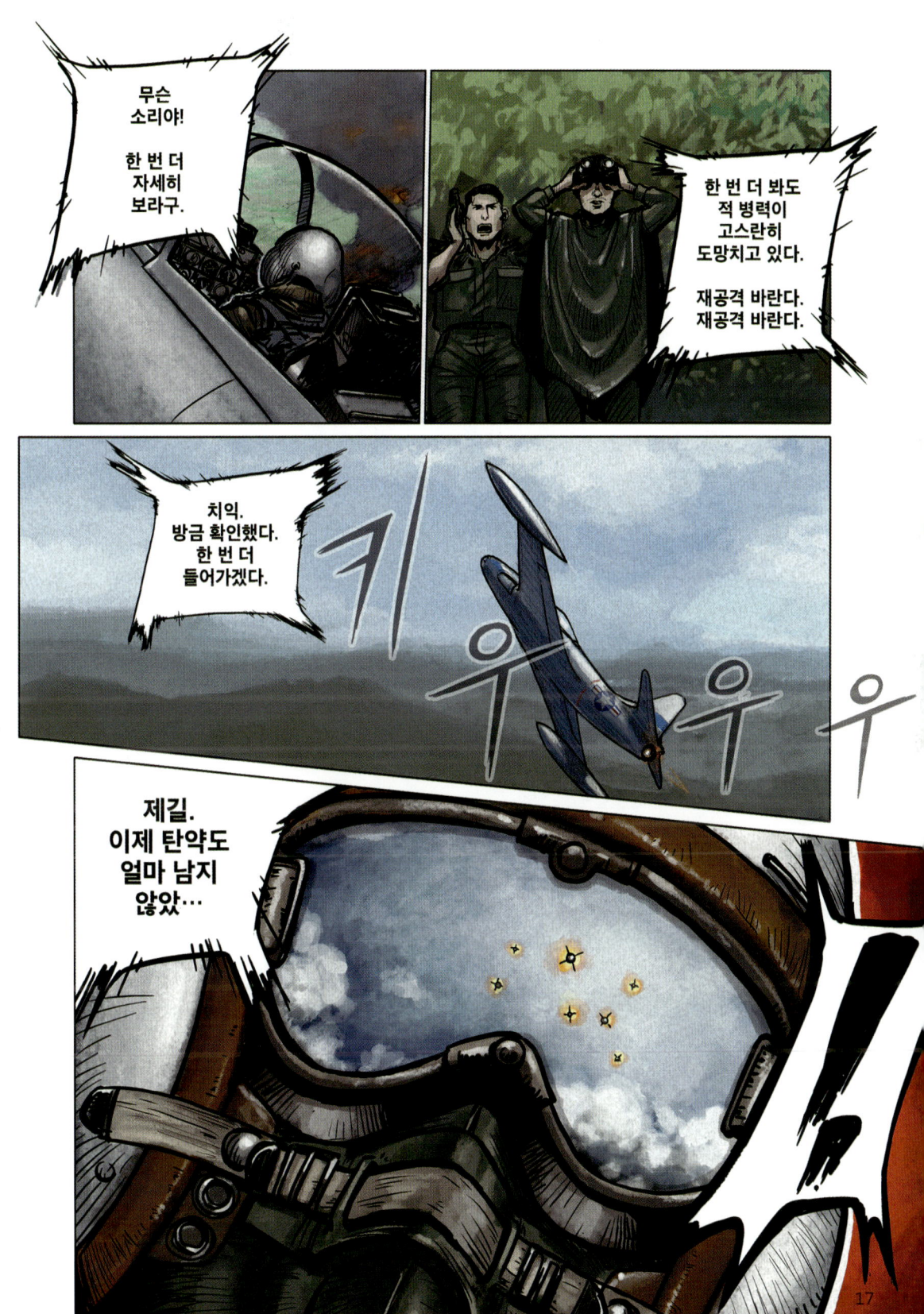

치익
이봐요, 곽 대위.
부우우우
네, 헤스 소령님. 말씀하세요.
이미 감 잡으셨겠지만 로켓은 기관총 탄착지점보다 더 낮게 조준을 하셔야 해요.
네, 알겠습니다.
발사하고 나면 안전 고도 확보하는 것도 잊지 마시구요.
치익
여기는 배가본드. 대열 앞쪽에서 세 번째 연기 뒤 트럭 한 대가 움직이고 있다.
연기가 많아 주변은 잘 보이지 않는다. 적의 소총 사격에 주의하라.

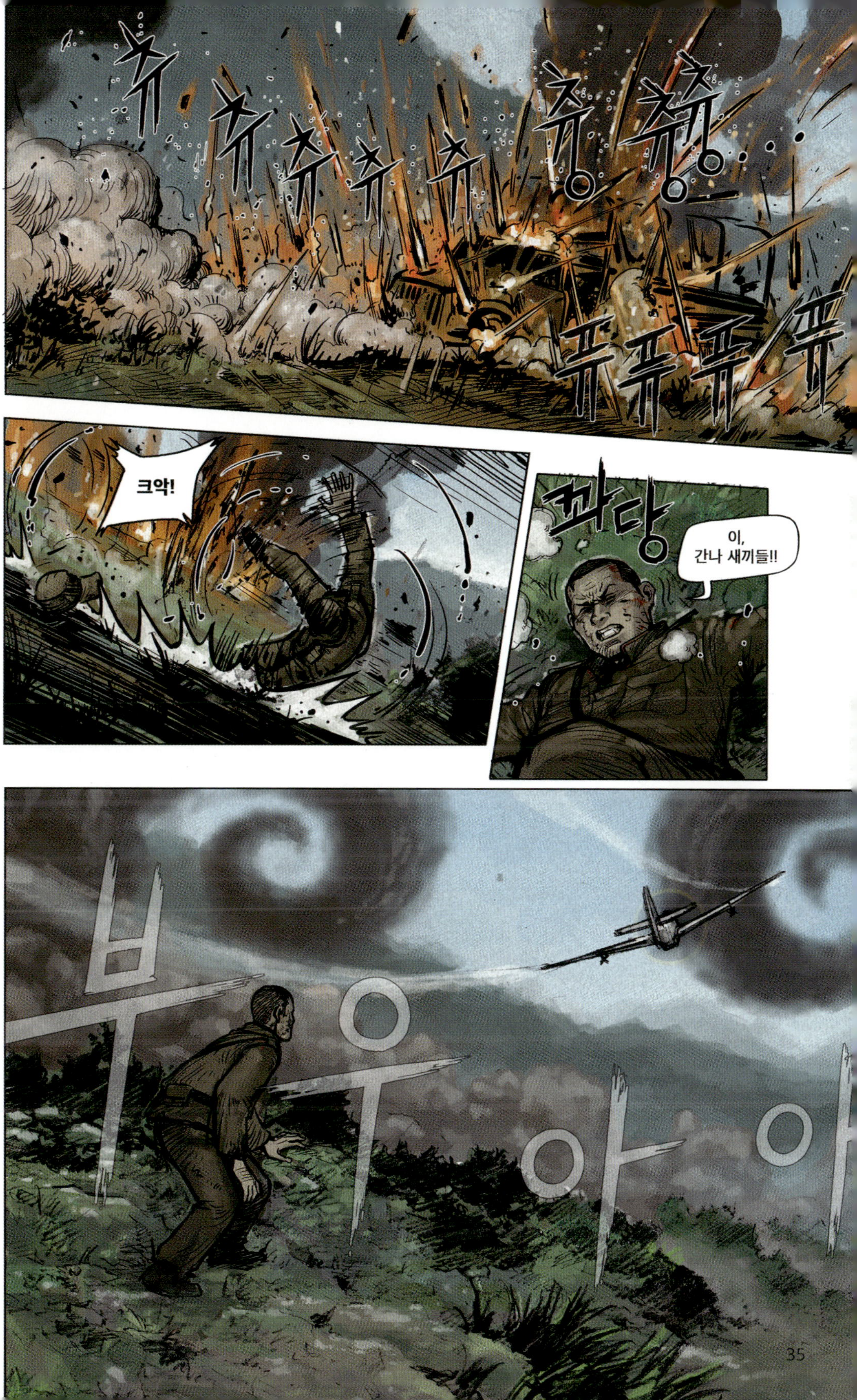
츄 츄 츄 츄 츄 츙 츙..
퓨퓨퓨퓨
크악!
콰당
이,
간나 새끼들!!
부우아아

펑

아앙

크아앙

으아
아

니가 왜…

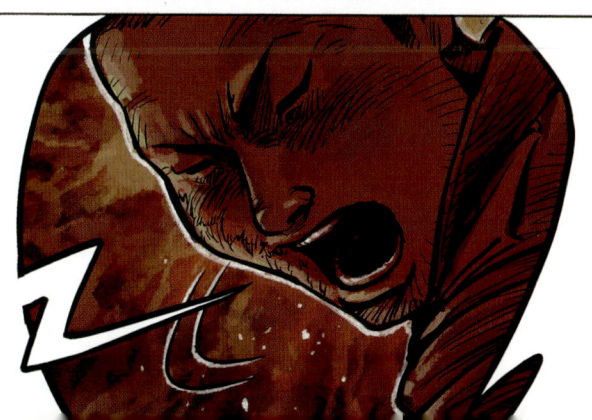

곽 대위!! 기수를 올리지 말아요!!

<두 번째 출격. 1950. 7. 14.>

2장 연에 새겨진 인연

경필아.
어때, 괜찮아?

네? 네에.

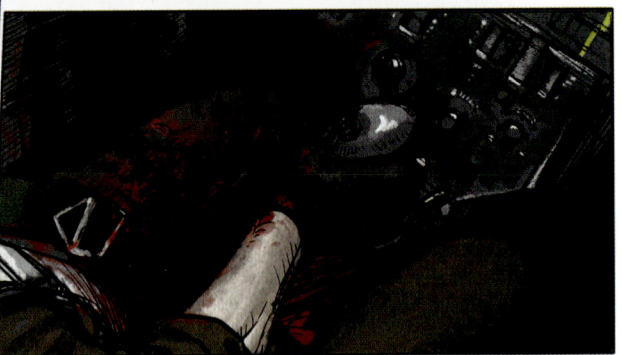

아, 아직은…
참을 만합니다.

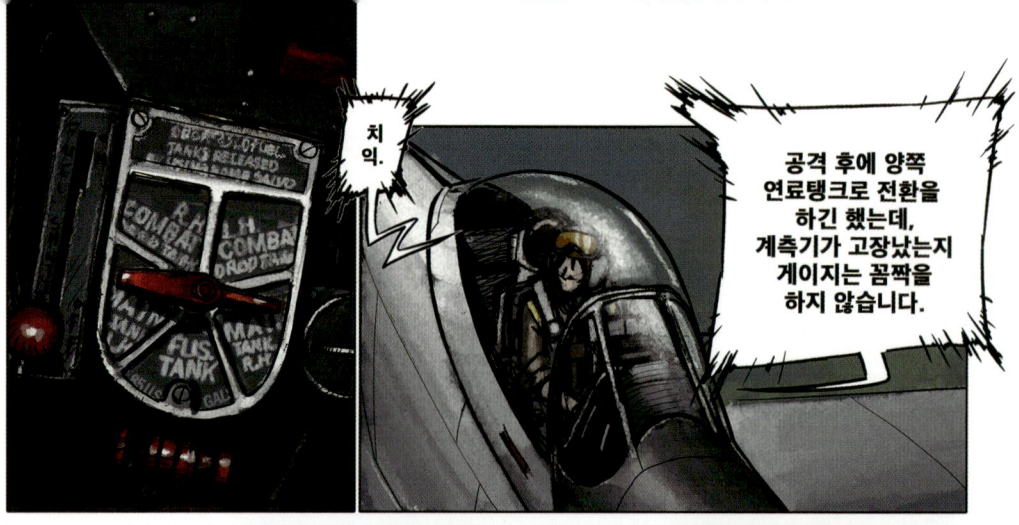

곽 대위!

하지만 이렇게 무모하게 불시착하다가는 당신도, 그 기체도 더 이상 없어요.

당신과 한국 공군은 앞으로

기체는 반드시 보충될 겁니다!!

훨씬 더 중요한 역할을 하게 될 거에요.

그러니 살아요!! 곽 대위 당신을 선택해요!!

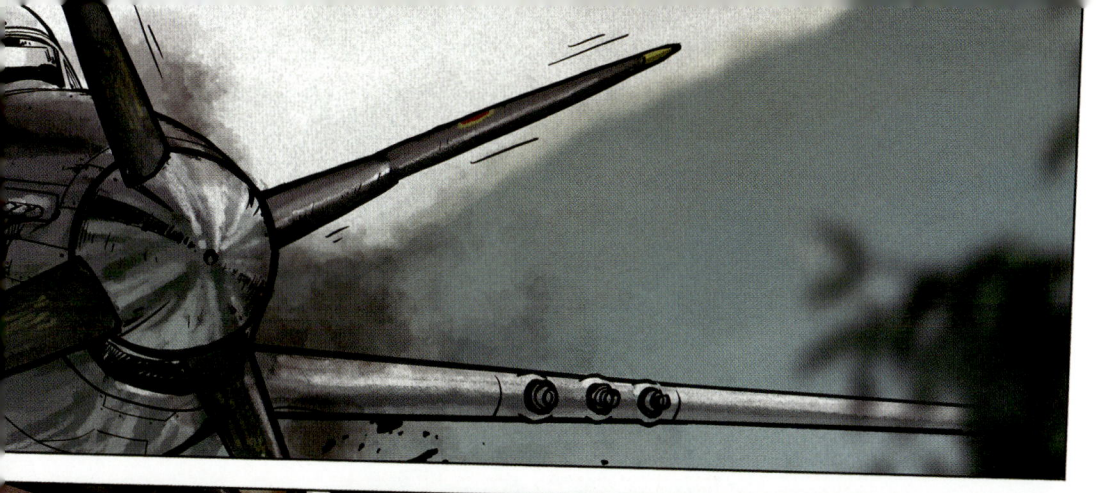

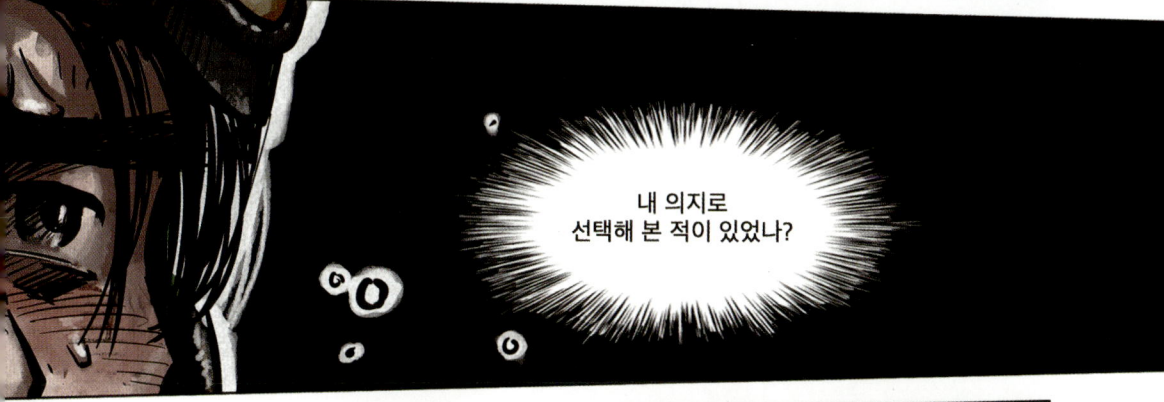

내 의지로
선택해 본 적이 있었나?

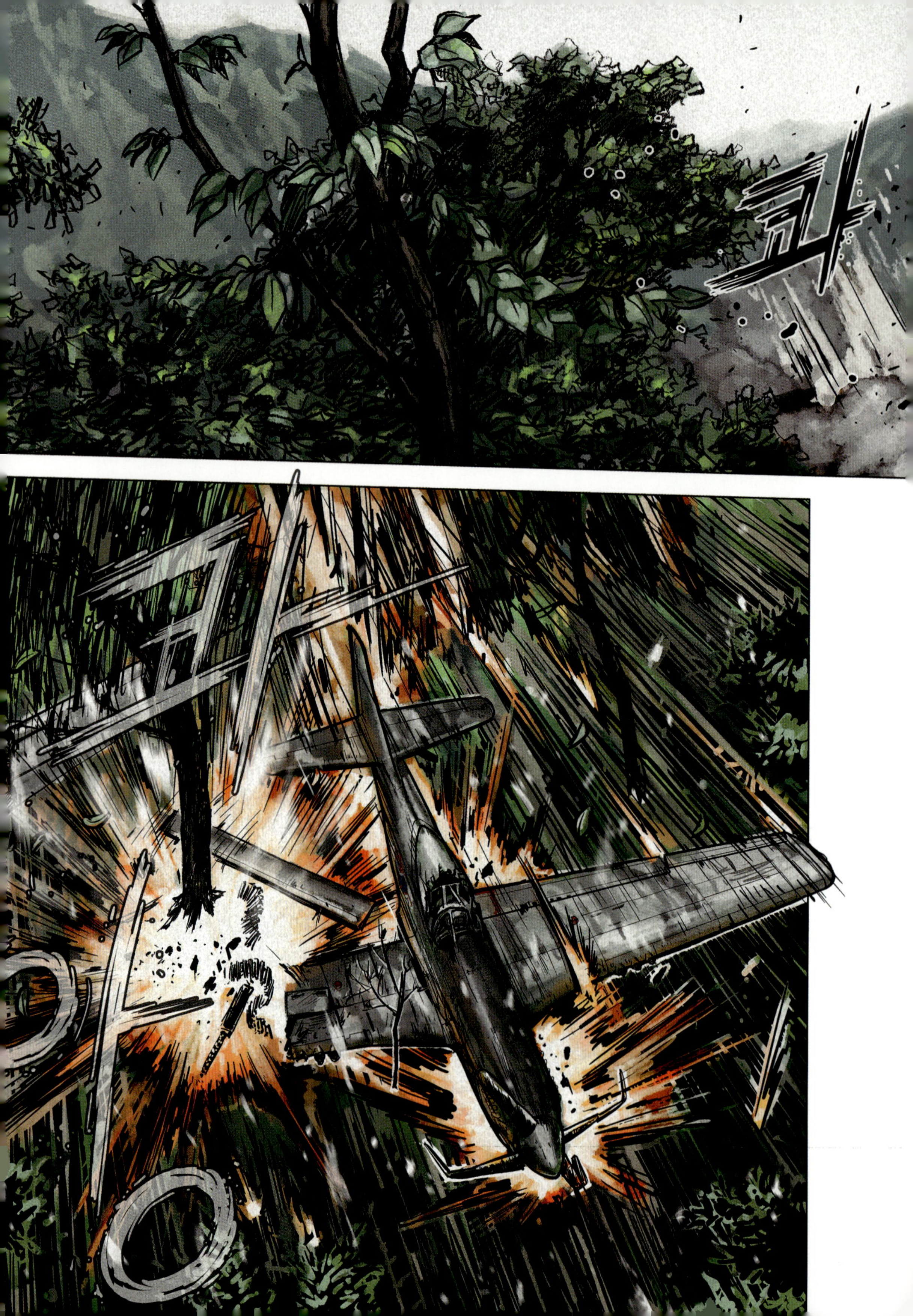

콰
콰앙

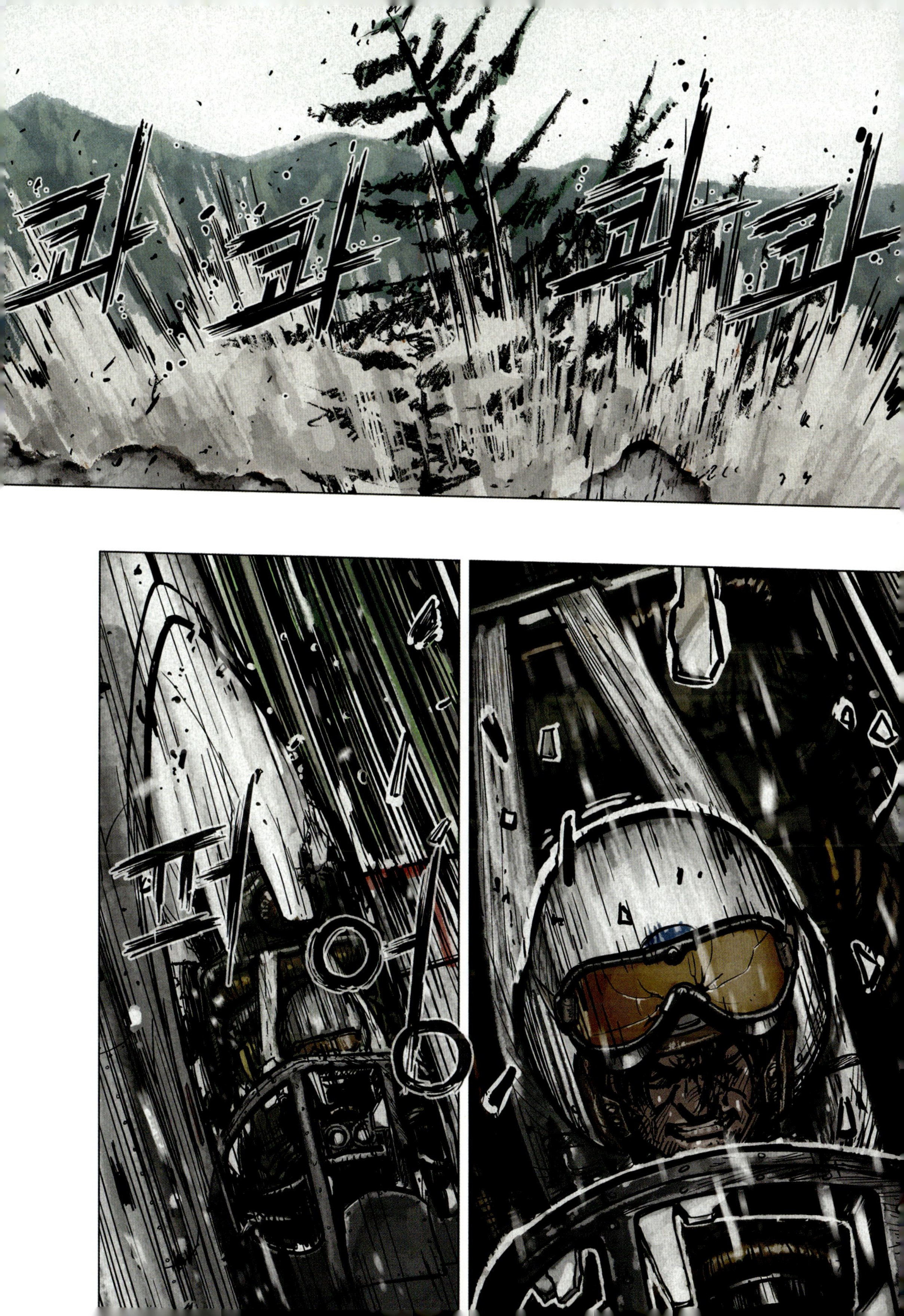

콰 콰 콰콰

쿠쿠
이잉

콰

콰 콰

콰 콰

쿠 ㄱ ㄱ ㄱ ㄱ

콰 가 가 가

침벙

나 같은 놈이…

3장 곽경필, 비행의 꿈을 키우다

도대체,

넌 누구야?

경필이는
기렇게 연이 좋완?

어데든지
갈 수 있디
않슴둥.

마치
새처럼 말이디요.

기러믄요.
정말 좋디요.

기러티.
기러티.

"아직 겨울이 이르니 소는 가디 말고 가에서만 놀라. 알가서?"

"예에~ 알가시요."

"길고, 영철이 네놈. 또 경필이 델꼬 말썽 피우면 내 손에 칵 죽을 줄 알라."

"알간?"

"아, 예에~ 알가시요. 할아바이~ 자~알 알아 모시가시요."

"히히~ 알긴, 개뿔?"

"이, 물이래두 빠데 죽얼 놈."

"우악!!"

"여, 영철아!"

하나. 우리는 황국 신민이다.

충성으로써 군국에 보답한다!!

하나!

우리 황국신민은 서로 신애, 협력하여 단결을 굳게 한다.

자네가
곽경필이군.

반갑네.
난, 염신현
중위라고 하네.

자네를
중국 공군에
입대시켜 달라는
아버님의 부탁을
받고 왔어.

<신현 형, 찬식이, 나. 충칭에서, 1945. 2. 13.>

대한민국 공군 창설사

4장 혼란의 조국

1945년 8월 15일
중국, 충칭

삼상결정
절대 지지!!
민족자결
보장하라!!
반탁운동
중지하라!!
삼상결정
수용하라!!
외세결정
배격한다!!
자유대한
보장하라!!
민족자결
보장하라!!
신탁통치
수용하라!
삼상결정
절대 지지!!

기래.

기럼 어제 인민위원회 선거에서 김 위원장을 뽑았다는 소식도 알간?

예에, 기억하디요.

할아바이, 지금 무슨 말을 하실라는 기요?

경필아.

바우트원
대한민국 공군 창설사

무슨 생각으로 지금 고향을 떠나고 있는지도…

한 가지는 확실하다.

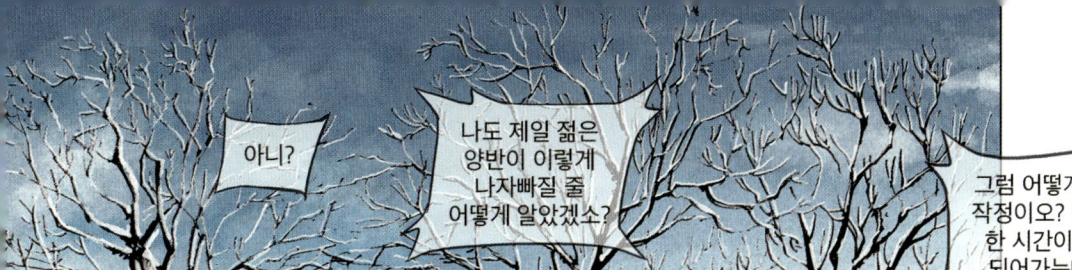

자, 오늘 하루는 예서 푹 쉬고, 딱 이틀만 더 고생합시다.

여보. 여긴 안전한 곳이요?

걱정 마슈.

산이 깊어서 우리 소몰이꾼들 말고는 아무도 모르는 곳이유.

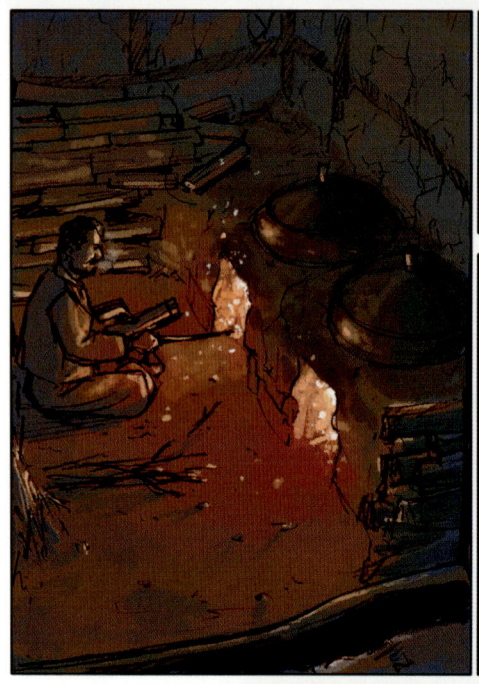

게서 뭐하우?

할 일도 없는데 뭐 도와드릴 일이라도 있나 해서 말이디요.

일은 무슨…

아, 예. 알가시요.

아까까지만 해도 다리가 풀려서 일행 발목을 잡더니만 이젠 꽤나 살 만한가 보오?

감자 삶는 것 말고는 일도 없으니 그냥 푹 쉬기나 하슈.

거, 젊은 양반.

자아, 내려들 갑시다.

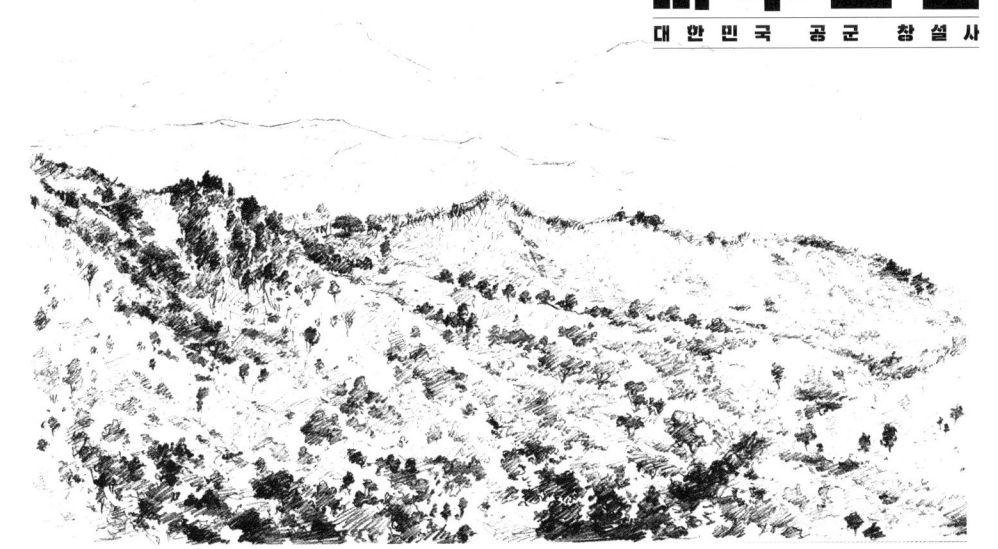

〈남대문 앞 시위. 1946. 12. 9.〉

6장 다시, 서울

선생께선
모처럼 달게 오수를
즐기고 계시니
나중에 같이
인사드리자.

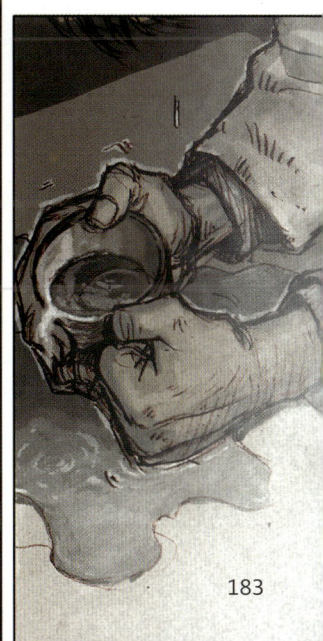

"세상은 니가 손댈 수 없을 정도로 너무 크기만 하고…"

"…"

"세상이 만들어 내는 너무 많은 일들에 휩쓸리지 말고,"

"니가 할 수 있는 일부터 하나씩 하나씩 해결해 봐."

으잉? 이놈의 전차가 왜 이리 빨라?

경필아. 꽉 잡아!!

마!! 뒤통수 깨지고 싶어?! 단단히 매달려 있어!!

그래!! 그렇게 꽉 잡고 있어!!

꽉 잡아. 이 새끼야!!

야!! 곽경필!!

헉…

이 새끼!!
지껄이지 말고
그냥
가만히 있어!!

이제
조금만 더
가면 돼!!

이제
조금만 더
가면 살 수
있으니까
손아귀에 힘이나
꽉 줘!!

부끄러울 것 하나 없이 떳떳하게 살든지!!

평생을 후회 속에 잠겨 지랄같이 살든지!!

부모도…

형제도…

비겁한 줄도 모르고,
부끄러운 줄도 모르고,

단지
살기 위해 바둥거리는
아둔한 자.

넌 누구냐?

죽음과 맞닥뜨린
순간이 되어서야

자네를
중국공군에
입대시켜 달라는
아버님의 부탁을
받고 왔어.

스스로의 선택으로
살아온 시간이

끝이

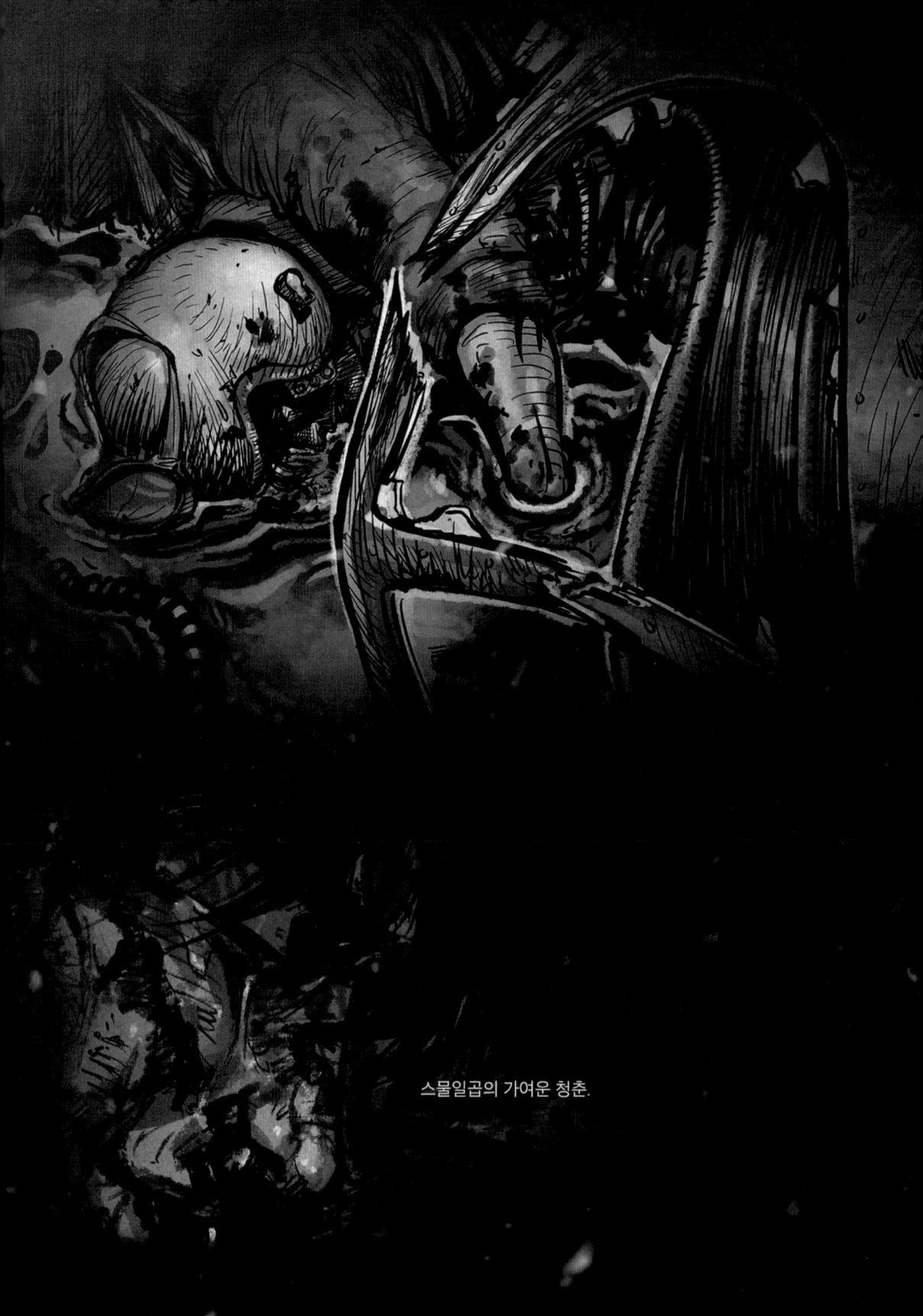

스물일곱의 가여운 청춘.

1950년,

전쟁과 함께

내 청춘이
시작되었다.

215

Flight Records

1. 역사가 우리에게 건네준 기쁨이자 비극의 선물
   독립(獨立)이 아닌 광복(光復)
2. 대한민국 공군의 시작
   6.25전쟁 공군 100회 출격 전우회
3. 비행기에도 개성이 있다
   6.25전쟁 속 한국 공군의 마킹

1
역사가 우리에게 건네준 기쁨이자 비극의 선물
독립(獨立)이 아닌 광복(光復)

우리나라의 분단을 이야기함에 있어 수많은 원인을 들 수 있겠지만 필자는 가장 큰 원인이 결국 일본 제국주의(이후 일제)의 조선침탈이었다고 생각합니다. 35년이란 긴 시간 동안 우리 민족은 스스로 설 힘을 길러내기 어려웠고, 광복을 얻어내기 위해 각각의 사상과 노선으로 갈라져 강대국들의 이해관계에 따를 뿐 아무런 선택을 할 기회조차 없었다고 생각하기 때문입니다. 하여, 6.25전쟁 이전에 이미 우리나라를 분단으로 이끌기 시작했던 해방 전후의 상황을 이번 Flight Records에서 간단하게 살펴보고자 합니다.

1935년경 대일반출미가 야적된 인천항 일제강점기 후반에 시행된 폭압적인 수탈정책들은 전쟁을 원활하게 수행하기 위한 조치였습니다. <출처: 사진으로 보는 독립운동(하), 서문당, 112쪽.>

일제가 전쟁 물자를 만들기 위해 강제공출한 각종 물건들을 쌓아놓은 모습 일제의 수탈은 중일전쟁과 태평양전쟁을 거치며 훨씬 잔혹해졌습니다.

1941년, 진주만 습격을 시작으로 미국과 태평양전쟁을 벌이게 된 일제는 조선과 중국의 만주, 그리고 필리핀과 말레이시아, 버마(미얀마)까지 점령하고 있었습니다. 하지만 미국과의 전쟁을 수행하기에 그들의 생산력과 물자는 한정적일 수밖에 없었습니다. 그래서 일제는 그들이 일으킨 전쟁을 승리로 이끌기 위해 우리나라를 비롯한 여러 나라의 인적·물적 자원을 수탈했고, 원활한 통치를 위해 각 식민지 고유의 문화를 말살하려 했습니다.

일제는 우리가 잘 알고 있는 대표적인 인적 수탈인 정신대나 강제징용 이외에도 집에서 쓰던 놋쇠 그릇이나 수저, 세숫대야 같은 것들부터 쌀, 목화를 비롯해서 각종 광물과 심지어는 동해안의 털게, 참게까지 거의 모든 생산물을 '공출'이란 이름으로 착취했습니다. 더구나 1930년대를 넘어서면서 '조선과 일본의 융합'에 목적을 두고 우리 민족문화를 말살하는 정책을 펴기 시작했습니다. 대표적으로 조선어 사용 금지, 우리나라 고유의 이름을 일본식으로 고치는 창씨개명, 그리고 일본 민간의 토착종교인 '신도(神道)'의 신에게 제사를 지내게 하는 신사참배를 비롯해서, 일본 천황이 있는 동쪽을 향해 경의를 표하는 궁성요배 등 일본의 문화와 생활방식을 강요했습니다.

이러한 연합국의 인식은 1945년 2월 4일, 광복을 6개월 앞두고 열린 한 회담에서 알 수 있습니다. 이탈리아가 이미 항복을 하고, 유럽에서의 승리가 확실해지자 연합국의 대표들은 전쟁 후의 점령지 문제를 논의하기 위해 소련의 얄타에서 회담을 갖게 됩니다. 이때 영국의 처칠, 미국의 루즈벨트, 소련의 스탈린은 패전한 독일의 분할 점령과 폴란드, 몽골의 독립, 그리고 한반도의 분할 점령이라는 비밀협정을 체결합니다.

한편, 나라를 뺏긴 직후 격렬했던 우리 민족의 저항은 1920년대 그 기세가 누그러졌다가 1930년을 넘어서면서 다시금 활기를 띠기 시작했고 이 흐름은 광복까지 이어집니다. 이때 우리나라의 독립을 위한 노력을 크게 네 가지로 분류해 보았습니다.

소련 흑해 연안의 얄타(현 우크라이나령)에서 승전 이후를 논의한 세 정상
왼쪽부터 처칠(영), 루즈벨트(미), 스탈린(소)입니다.

1. 대한민국 임시정부

1919년 3.1만세운동의 영향으로 만들어진 대한민국의 대표적 임시정부로서, 국내외 조선인들로부터 지원받은 자금으로 각지에서 무장독립운동과 문화사업 등의 활동을 주도했습니다. 1920년대 초까지는 활동이 활발했었지만 1930년대 중반에는 중국에서조차 일본의 탄압을 피해다녀야 했습니다. 더욱이 경제적으로 어려운 시기였던 1932년부터는 8년 동안 8번의 이사를 다니기도 했습니다. 이후, 윤봉길 의사의 홍커우 공원 의거를 계기로 중화민국 장개석 주석의 적극적인 지지를 얻어내는데, 이때 받은 경제적, 군사적 원조를 통해 대한민국 임시정부의 정규군인 광복군을 조직합니다.

현재 우리 대한민국의 국호와 헌법은 3.1운동으로 건립된 대한민국 임시정부의 법통을 계승하고 있습니다.

<앞줄 오른쪽에서 네 번째가 김구 선생입니다.>

<앞줄 오른쪽에서 두 번째가 김일성입니다.>

2. 중국과 연계된 단체의 무장투쟁 운동

'동북항일연군'처럼 공산주의 계열의 중국 공산당과 연계하거나 '조선의용군'처럼 민주주의 계열인 국민당과 연계하여 일본과 전투를 벌인 군사조직 활동이 있었습니다. 이 중 동북항일연군의 김일성 외 다수는 광복 후 조선민주주의인민공화국(북한) 권력의 핵심이 됩니다.

<둘째 줄 오른쪽에서 세 번째가 이승만입니다.>

3. 국제사회와의 연계를 중심으로 한 외교 형태

이승만을 중심으로 한 해외 독립운동 세력으로, 직접적인 무장투쟁과는 달리 미국이나 국제사회와의 연계를 바탕으로 대한민국 임시정부의 국제적 승인과 조선의 독립을 얻어내기 위해 활동했습니다. 이후 이승만은 대한민국 단독정부 수립에 핵심적인 역할을 하고, 대한민국 초대 대통령에 오릅니다.

4. 모든 독립운동의 바탕이 된 한반도, 그리고 국내외의 민중들

35년이라는 긴 시간 동안 일제의 모든 핍박과 고난을 몸으로 견뎌내면서도 식민지배를 벗어나기 위해 국내에서 꾸준히 저항과 문화교육 운동 등을 이어간 우리의 민중이 있었습니다. 크고 작은 독립운동으로 사회 곳곳에서 나라의 자존심과 문화를 지켜낸 우리 국민들이야말로 지금의 대한민국을 있게 한 진정한 이 나라 광복의 주인공이었습니다.

그렇게,
기나긴 35년의 식민지배를 버텨오던 어느 날.
너무나 갑자기,
'광복'이 찾아왔습니다.

대한민국 임시정부의 활동과 외교적 노력, 무장투쟁, 그리고 나라 안 팎에서 우리 국민들이 벌였던 수많은 노력이 있었음에도 별다른 흔들림이 없던 일제였지만 미국의 새로운 무기 '원자폭탄'의 충격으로 순식간에 항복을 선언합니다. 하지만 일본 제국의 천황은 그 어느 곳에서도 '항복'이라는 단어조차 사용하지 않았고, 전쟁의 책임에 대한 언급도 없었습니다.

그리고 전쟁에 관련된 범죄자 재판(도쿄재판)에서 전쟁을 일으킨 주요 인물들 중 A급 전범 7명만이 사형됩니다. 나머지는 일정 기간 복역 후 석방되어 일본 정계나 재계에서 활발하게 활동하게 됩니다. 이는 현재까지도 가해자인 일본의 역사적 반성에 대한 논란의 여지를 남겨두는 시작점이 됩니다.

아래의 내용은 [타임-라이프 북스]에서 발행한 '라이프 제2차 세계대전' 시리즈 중 '원폭과 일본패망' 편에서 인용한 '일본천황이 국민에게 보내는 조서'로 라디오를 통해 방송된 항복에 관한 내용을 담고 있습니다. 다소 부드러운 문장으로 의역되어 있지만 전쟁을 일으킨 당사국의 최고 권력자로서의 책임이나 반성의 의미는 조금도 찾아볼 수 가 없습니다.

"적국은 최근에 들어 가장 잔인한 폭탄을 사용하기 시작했습니다. 만일 우리가 전쟁을 계속한다면, 이것은 궁극적으로 일본 국가의 붕괴와 국민의 말살을 초래케 할 뿐만 아니라, 인류의 문명을 총체적인 파멸로 이끌어 갈 것입니다. 짐이 열강들의 공동선언을 수락하도록 명을 내리게 된 연유가 바로 여기에 있는 것입니다. 온 국민은 대대로 한 가족이 되어 이어져 나가야 할 것입니다. 그리고 온 국민은 힘을 결합하여 장래의 건설에 이바지하여야 할 것입니다. 우리 제국의 본질적인 영광을 증진하면서 세계의 진운에 보조를 맞출 수 있도록, 성실한 태도를 배양하고 숭고한 정신을 함양하며 확고한 결의로 생을 영위해 나가기를 짐은 기원하는 바입니다.

<나가사키에 투하된 원자폭탄 "팻 맨" (Fat man)에 의한 버섯구름입니다.>

광복을 기뻐하며 거리를 행진하는 우리 국민들 광복을 기뻐하던 당시 우리 국민들은 '우리조선 우리정권'을 플래카드에 적고 소리 높혀 외치면서 이렇게 거리를 누볐습니다. 35년의 세월을 견뎌 낸 이 나라 모두의 기쁨이자 환호였습니다.

일제의 병참기지 역할을 했던 이 조선이라는 나라를 간단히 독립시켜 줄 것인지, 아니면 승전국의 통치권 아래 둘 것인지… 이렇듯 1945년 우리나라의 운명은 정작 우리가 아닌 타인의 손에 달려있었습니다. 하지만 그 형태가 어떻든 일단 기나긴 일본제국주의의 식민지 통치는 끝이 나고 우리에겐 자유가 주어지게 됩니다.

그러나 길고 긴 35년의 식민지배 이후 찾아온 기쁨은 그리 오래 가지 않았습니다. 얄타회담의 세 주인공 중에서 처칠이 빠진 가운데, 소련과 미국이 38선을 기준으로 조선을 나누고 각각 분할점령을 결정하게 됩니다.

어흐흠~ 어느 나라나 '국익'이라는 걸 무시하면 안 되니깐 말이지~

광복 7일 후인 8월 22일, 38선 이북에는 소련군이 새로운 점령군으로 진주합니다.

독립 후 단 3주일 만에 우리나라에는 남과 북, 각각 다른 사상을 가진 두 나라의 군대가 우리나라에 진주하게 되었습니다.

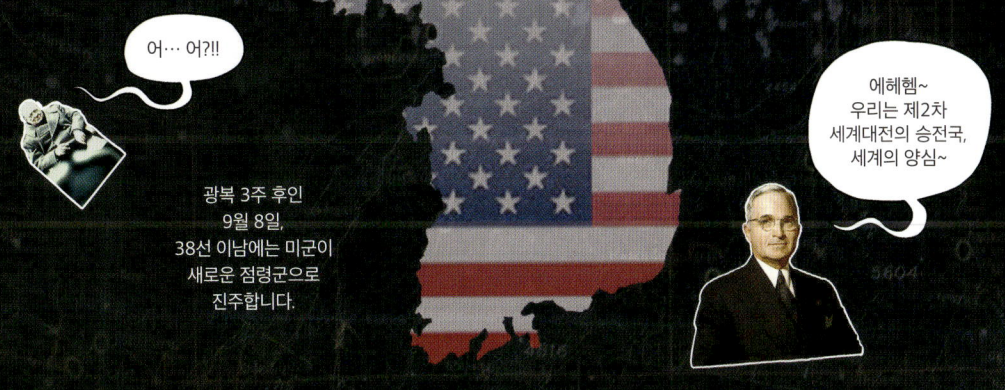

어… 어?!!

광복 3주 후인 9월 8일, 38선 이남에는 미군이 새로운 점령군으로 진주합니다.

에헤헴~ 우리는 제2차 세계대전의 승전국, 세계의 양심~

❶ 같은 해인 45년 10월 14일 이북에선 김일성이 귀국, 평양에서 대규모 군중대회를 가졌고,
❷ 그로부터 이틀 뒤인 16일 이승만이 이남으로 귀국, 서울에서 대규모 행사를 갖습니다.
❸ 그리고 다음 달인 11월, 김구 주석과 함께 임시정부의 주요 인사들이 김일성, 이승만과는 다르게 민간인 신분으로 귀국합니다.

이렇게 남북이 각기 다른 나라에 의해 분할 점령되었지만 큰 의미에서는 패전국 일본의 무장해제를 하는 역할일 뿐이었고 이 나라의 독립을 위해 활동하던 이들이 속속 귀국하면서 국민들은 식민지의 기억을 떨쳐내고 새로운 독립국가의 건설을 꿈꿀 수 있었습니다. 그러나 광복을 맞이한 그 해가 채 다 가기도 전인 12월 28일, 소련의 모스크바에서 열린 3개국 외상회의(모스크바삼상회의)에서 우리 조선에 대한 최소 5년의 신탁통치가 결정됩니다. 겨우 일제의 35년 식민지배를 벗어난 우리민족에게는 분명히 '또 다른 형태의 지배'였기 때문에 민족주의 계열도, 사회주의 계열도 신탁통치 반대 의견에 힘을 싣게 됩니다.
하지만 이때 신탁통치에 대한 한국 내의 여론 형성과 변화에는 많은 변수가 등장하게 되는데, 크게 세 단계로 나눌 수 있어 아래 그 순서를 간략히 요약해 보았습니다.

공식발표가 있기도 전에 몇몇 국내 언론을 통해서, "소련이 한반도의 신탁통치를 주장하고 있다."는 잘못된 소식이 전해진다.

정확히 확인되지 않은 이 소식을 접한 각 개인이나 단체는 찬탁과 반탁으로 나뉘어 시위와 파업의 형태로 대립하게 된다.

소련에 대한 여론이 개선되지 않자 이듬해인 46년 1월 25일, 소련이 모스크바삼상회의의 내용을 공개한다.
❶ 처음 신탁통치를 주장한 것은 소련이 아닌 미국이었고
❷ 신탁통치에 대해 제시한 기간도 미국은 10년, 소련은 5년을 주장했다.

단 한 번의 잘못된 신문보도로 민심은 걷잡을 수 없는 혼란에 빠집니다. 이해라는 과정조차 사치에 불과했던 광복 직후 그 급박했던 상황 속에서, 뒤늦게 알려진 실제 사실 여부와는 상관없이 '대립과 갈등'의 모습이 우리 사회 곳곳에서 나타나게 됩니다.

좌익 계열은 신탁통치를 "외세의 지배라기보다 원조로 봐야 한다"며 찬성 입장을 표명했습니다. 그러나 신탁통치 찬성은 반탁 진영에게는 '민족적 반역'으로 비춰져, 더욱 거센 반발을 일으켰습니다.

이렇게 국내의 여론은 신탁통치의 반대와 찬성으로 뚜렷하게 나눠지고, 이 대립은 결국 남과 북, 애국과 매국, 민주주의와 사회주의라는 단어로 일반화되어 사람들의 마음을 빠르게 갈라놓습니다. 이렇게 시간이 흘러 1948년, 남과 북은 각각 다른 점령군 아래, 각각 다른 이념과 군대를 갖게 되었습니다.

신탁통치 찬성, 반대 시위 1946년 우리나라는 신탁통치를 찬성하는 세력과 반대하는 세력으로 나뉘어 국론이 분열하고, 엄청난 혼란에 빠집니다.

분단의 시작 1948년 2월 8일에는 북한에 조선인민군이 창설되고, 같은 해 8월 16일에는 남한에서 국방, 해안경비대가 '국군'으로 명명됩니다.

이렇게 남쪽에는 대한민국이, 북쪽에는 '조선민주주의인민공화국'이 각각의 정부와 군대, 이념을 갖고 이 땅에 자리잡습니다.

정확히 일본으로부터 해방된 지 3년 만에, 500여 년 넘게 '조선'이란 이름으로 살아오던 나라가 북위 38도선을 기준으로 완전히 두 개의 국가로 나뉘어지게 됩니다.

얼마 후에는 까다롭게나마 가능했던 남북통행마저 금지되기에 이릅니다.

이제, 이 나라는 어떤 형태의 역사와 맞닥뜨리게 될는지…

이미 지나간 과거의 한 부분으로 인식하고 있음에도 안타깝기 그지없는 이 순간이 바로 6.25전쟁 직전 우리나라의 모습이었습니다.

38도선을 지키는 군인들 초기에는 제한적으로나마 왕래가 가능했지만, 점차 38도선은 국경선 이상으로 남북을 갈라놓게 됩니다.

<1948년 8월 15일
대한민국 정부 수립>

<1948년 9월 9일
조선민주주의인민공화국 정부 수립>

2

대한민국 공군의 시작
6.25전쟁 공군 100회 출격 전우회

<6.25전쟁 100회 출격 뱃지>

어떤 전쟁, 작전에 있어서 100회의 임무를 해냈다는 것은 곧 그 작전에 100번 이상 목숨을 걸었다는 말과 다름이 없습니다. 비록 미국으로부터 공여받은 10대의 무스탕으로 시작한 우리 공군이었지만 독자적 작전 수행 능력을 갖게 되면서 100회 이상의 출격수를 넘기는 조종사가 등장하기 시작했고 그 수는 휴전까지 총 39명에 이릅니다. 바우트-원의 결정적인 소재이자 실제 전쟁 중 수없이 목숨을 걸고 하늘을 날았던 그 시대의 젊은이들을 간략하게 소개합니다.

대한민국 공군은 앞서 언급했듯이 전쟁과 함께 시작되었고 F-50 무스탕 전투기에 대한 경험 역시 그때가 처음이었습니다. 때문에 전쟁 초기에는 조종사도, 정비사도 이 새로운 기체에 대한 적응이 필요했습니다. 전쟁 중기에 이르러 기체 운용과 작전 능력 향상에 집중한 덕분에 대한민국 공군은 '독자적 작전 수행 능력'을 인정 받는 커다란 전환점을 맞게 됩니다. 이때부터 대한민국 공군은 그 위상에 걸맞은 작전을 단독으로 수행할 수 있는 능력을 갖추게 됩니다.

1951년 10월에 이르러 단독 작전을 시작으로 꾸준히 출격하게 되고, 12월 대구의 공군 본부를 필두로 공군의 각 병과 역시 전국 곳곳에 완전하게 배치를 끝마칩니다. 이러한 분위기 속에 1952년 1월 11일, 드디어 대한민국 공군 최초의 100회 출격 조종사가 탄생하게 됩니다. 애초 제대로 된 전투기조차 없었던 우리 공군의 입장에서 100번의 임무를 무사히 치러 낸 전투조종사의 탄생은 정말로 '눈물 겨운 성과'였습니다.

1950년

1951년

대한민국 공군 최초의 100회 출격 조종사
김두만 소령을 환영하는 동료들

1952년

4월, 다섯 명의 100회 출격 조종사들이 연달아 탄생합니다. 이와 함께 우리 조종사들의 활약이 본격적으로 시작됩니다. 하지만 우리 공군의 임무는 대부분 지상공격에 대한 것이었고, 저고도에서 대공포를 비롯한 각종 지상무기의 위협 속에서 작전을 수행했기 때문에 그 위험도는 공중전보다 더 클 수밖에 없었습니다. 비나 눈 같은 기상의 제약과 작전명령이 날마다 내려오는 게 아니라는 것을 감안해도 최소 3일에 한 번씩은 목숨을 걸고 출격해야 100회의 출격을 해낼 수 있었습니다.

이렇게 전쟁 말기, 휴전까지 꾸준히 활동한 대한민국 공군은 총 109명의 조종사 중 39명의 100회 출격 조종사를 배출합니다. 그리고 한참의 시간이 지난 1980년 즈음부터 부정기적으로 친목 모임을 가져오다가 1987년 '6.25전쟁 참전 100회 출격 전우회'를 정식으로 발족시킵니다. 마지막 페이지에서 그 39명의 조종사를 소개해 드립니다.

대전 초기까지의 1년은 비행 훈련에 주력했고, 전쟁 말기까지 1년 동안 100회 넘게 출격을 기록했습니다.

대위 임상섭
총 150회 출격

곱빼기 출격(하루 두 번의 출격)을 해도, 우리끼리는 운이 좋다고 생각할 정도였습니다. 그 곱빼기 출격이 있던 어느 날 황해도 옹진에 출격해서 목표물에 폭격을 하고 빠져나오는데, 지붕에 갓 수확한 빨간 고추가 눈에 들어오더군요.

두 번째 출격 임무에서는 적 공격에 4번기와 3번기가 차례로 적탄에 맞게 되었지만 무사히 살아 돌아올 수 있어서 정말 다행이었습니다. 정말 아찔한 순간이었죠.

가끔은 전날 밤 꿈자리가 사나웠다는 동료가 있으면 서로 권해서 출격에 참가하지 않기도 했지만, 사실 모두들 서로 다투어 출격을 하려고 했습니다.

출격하고 싶지 않을 땐 말이 없어도 서로가 저절로 알게 되지요.

이 생활을 겪어보지 못한 분들은 잘 모르시겠지만 이심전심으로 알게 되더군요.

대위 유치곤 총 203회 출격

7월 27일 휴전일은 세 번의 출격을 하고, 다시 네 번째 출격을 하려다가 대대장님께 붙잡히기도 했었죠.

1일 최다 출격기록을 세우지 못한 게 못내 아쉬웠어요.

중위 이관모 총 81회 출격

<출처: 이강화 예비역 공군 준장>

❶ 작전준비태세검열(ORI)을 통과하지 못하면 대한민국 공군은 계속해서 교육훈련을 받아야 했고, 통과한다면 당당하게 하나의 임무를 작전수립에서부터 정비, 운영, 임무 수행까지 온전히 소화해 낼 수 있는 독립 작전이 가능한 단위의 부대로 인정받게 됩니다.
❷ 제1전투비행단 제10전투비행전대가 강릉기지에 전개하면서 대한민국공군이 최초 단독 출격작전을 개시합니다. 100회 출격 조종사와 공군의 상징 빨간 마후라가 탄생한 곳도 강릉이었습니다.
❸ 솟아오르는 태극-유성의 모습이 돋보이는 제10전투비행전대의 마크가 그려진 막사입니다. 이 마크는 현재까지 원형 그대로 유지되고 있습니다.
❹ 대한민국 공군이 강릉에서 단독 작전을 전개하면서 출격횟수가 급격하게 늘어나자 김두만 대위를 필두로 100회 출격 조종사들이 배출되기 시작합니다.
❺ 사진에서 최원문 상사가 김두만 소령의 100회 출격을 기념하는 마크를 그리고 있습니다.
❻ 100회 출격 조종사를 배출한다는 것은 단순히 경험과 실력이 풍부한 조종사를 배출한다는 의미 이외에도 전투부대로서의 운영에 관련된 모든 사항들이 완전하게 운영 가능하다는 증거이기도 했습니다.

229

6.25전쟁 공군 100회 이상 출격 조종사

1953. 07. 27 기준 총 39명, 100회 출격일 기준 배열

101회 출격
소령 김두만
(1952.01.11)

142회 출격
소령 이기협
(1952.04.06)

193회 출격
소령 김금성
(1952.04.16)

112회 출격
소령 옥만호
(1952.04.18)

100회 출격
소령 정주량
(1952.04.29)

203회 출격
대위 유치곤
(1952.04.29)

100회 출격
소령 박재호
(1952.05.18)

106회 출격
중위 손재권
(1952.05.18)

106회 출격
소령 윤응열
(1952.05.29)

144회 출격
대위 손흥준
(1952.07.08)

167회 출격
중위 박용만
(1952.08.13)

105회 출격
대위 박완규
(1952.09.19)

117회 출격
중위 임순혁
(1952.09.19)

101회 출격
중위 권중화
(1952.09.27)

130회 출격
중위 백정현
(1952.09.28)

119회 출격
중위 배상호
(1952.09.29)

103회 출격
대위 이창실
(1952.12.11)

146회 출격
중위 이호영
(1952.12.11)

112회 출격
중위 송재봉
(1952.12.11)

150회 출격
중위 임상섭
(1952.12.11)

104회 출격
중위 임종두
(1952.12.11)

100회 출격
소령 오춘목
(1952.02.21)

114회 출격
소령 장성태
(1952.01.16)

113회 출격
중위 현창건
(1952.01.16)

103회 출격
중위 박회곤
(1952.01.16)

100회 출격
중위 신관식
(1953.02.07)

101회 출격
중위 임병두
(1953.02.07)

102회 출격
중위 김만용
(1953.02.16)

112회 출격
중위 김필정
(1953.02.16)

124회 출격
중위 최순선
(1953.02.16)

105회 출격
중위 이학선
(1953.02.16)

124회 출격
중위 조항식
(1953.02.16)

101회 출격
중위 이찬권
(1953.02.16)

104회 출격
중위 황정덕
(1953.03.15)

109회 출격
소령 김호연
(1953.03.15)

113회 출격
중위 권찬식
(1953.03.15)

101회 출격
중위 전형일
(1953.013.15)

127회 출격
중위 최성달
(1953.04.08)

113회 출격
중위 김직한
(1953.06.13)

이들을 포함해서 6.25전쟁 당시 전투 출격을 했던 조종사는 총 125명에 달하며, 이 중 29명이 작전 중 전사했습니다.

3 비행기에도 개성이 있다
6.25전쟁 속 한국 공군의 마킹

앞서 헤스 대령의 18번 신념의 조인기의 도장에 관해서는 자세하게 전해드렸기 때문에 이번에는 대한민국 공군의 기체와 그 도장에 관해서 전해드리도록 하겠습니다. 다만 헤스 대령의 기체와 달리 우리나라 공군 기체는 이미 언급했던 최원문 상사가 김두만 대위의 기체에 그린 100회 출격 마크를 제외하고는 개인적인 사연의 마크가 드물었고, 개성적인 도장이 존재했더라도 그 사연에 관한 인터뷰나 사진이 거의 존재하지 않는 것이 안타깝게 느껴집니다.

F-51D 2번기

초기 공여받은 10대의 기체는 태극마크와 국적마크 K, 그리고 숫자의 형태나 크기, 위치가 모두 다른 형태를 갖추고 있습니다. 노란색의 스피너가 다수인 것이 특징으로 보입니다. 동체 뒤쪽의 노란 띠도 두께가 제각각입니다. 특히 이 2번 기체는 태극마크의 곳곳에 마킹 중 스프레이가 퍼져나온 형태가 보이고 태극의 아래쪽은 파란색이 많이 퍼져나와 있는 점이 특징입니다.

F-51D 6번기

이 역시 초기 공여받은 기체 10대 중 한 대인 6번 기체입니다. 이 기체는 독특하게도 노란색 스피너의 프로펠러 부분이 검고 캐노피 뒤로도 검은색의 도장이 길게 이어져 있습니다. 큰 건물 골조와 함께 멀리 바다가 보이는 것으로 보아 진해기지로 판단됩니다. 동체 뒤편의 노란 띠가 두껍고, 태극의 원은 크고 양옆은 짧아진 형태입니다. 캐노피 뒷면까지 이어진 검은색과 검은색이 추가된 스피너가 특징입니다.

F-51D 13번기

초기 공여받은 기체가 7월 한 달 동안 4기의 손실을 입고 현실적으로 6기의 무스탕이 한국 공군의 훈련과 헤스 소령(당시)과 미군의 공격을 전담하고 있을 무렵 10기의 무스탕이 추가로 지원됩니다. 이때 지원된 기체 중 한 대로 보이는 13번기입니다. 숫자 3의 구부러진 글씨가 눈에 띕니다. 1951년 7월, 대구기지에서 촬영된 사진입니다. 이 기체는 곳곳에서 장난스러운 느낌이 듭니다. 숫자 1조차 리듬이 엿보이고 꼬불꼬불한 3에도 애교가 넘칩니다. 거기다 꼬리날개의 국적 알파벳 K도 그 두께가 일정하지 않아서 장난스러운 특징이 눈에 띄는 도장입니다.

F-51D 15번기

13번기와 같은 시기 지원된 기체인 15번 기체입니다. 수직꼬리날개 위의 노란색이 특징입니다. 장난스러움이 느껴지는 13번기와 달리 15번기는 숫자와 국적 알파벳도 단순한 직각으로 정리된 느낌을 줍니다. 하지만 수직꼬리날개 끝과 주익 양끝의 노란색이 또 다른 특징을 만들어내고 있습니다.

F-51D 32번기

선명한 화질로 남아있는 몇 안 되는 사진 중 하나인 32번 기체의 사진입니다. 기체 번호와 태극마크의 테두리, 국적 알파벳까지 푸른 색으로 도장되어 있습니다. 당시 강릉기지는 PSP(Pierced Steel Plank:항공기 활주용 강철 연결재) 활주로도 포장되어 있었습니다. 이 방식은 제2차 세계대전부터 긴급한 작전 전개시 항공기의 안전한 이착륙을 위해 사용해 온 방식이지만 속도가 빠른 제트엔진 기체가 늘어나면서 더 긴 콘크리트 포장활주로가 사용됩니다.
이 기체는 굵어진 숫자와 푸른색의 국적 알파벳이 특징입니다.

❶ 이미 잘 알고 계실 18번 기체입니다. 여의도 기지에서 정비사들이 출격 준비를 하고 있는 모습입니다.
❷ 강릉 K-18 제10전투비행단의 막사입니다.
❸ 숫자와 수직꼬리날개의 국적 알파벳 K가 굵은 형태입니다. 숫자는 푸른색으로 그려져 있습니다.

가장 왼쪽은 김두만 대위의 29번 기체, 그 뒤로는 헤스 대령의 18번 기체 1.4후퇴 이후 대한민국 공군은 제주도기지(K-40)에서 본격적인 훈련을 실시합니다. 위 사진에서 보이는 것처럼 국적 알파벳 K와 기체 번호가 일괄적인 형태로 통일되어 있습니다.

29번기 앞에 서 있는 김두만 대위와 최원문 상사, 그리고 보조 정비사들

<출처: 이강화 예비역 공군 준장(상단, 우측 하단), 최원문 예비역 공군 대령(좌측 하단)>

100회 출격을 기념하여 최원문 상사가 그린 독수리 마킹을 추가한 29번, 김두만 대위의 기체입니다. 숫자와 수직꼬리날개의 국적 알파벳 K가 굵은 형태입니다. 숫자 역시 검은색으로 대한민국 공군 기체 중 거의 유일하게 사적인 마킹이 있는 기체인 김두만 대위의 29번 기체입니다. 18번 신념의 조인기의 정비기장이었던 최원문 상사가 29번기에 직접 그린 것으로 '100 MISSION'의 글자가 뚜렷이 보이는 리본을 물고 발로는 로켓을 움켜쥐고 있는 독수리를 표현한 그림입니다. 독수리 뒤쪽의 리본에는 날짜가 적혀있습니다만 김두만 대위의 100회 출격 날짜인 1952. 1. 11.과는 다소 차이가 있는 모습입니다.

<출처: 제10전투비행단 수장고>

이 사진만으로 전쟁 말기에는 기체의 도장이 이러했다고 단정적으로 말할 수 없지만, 종전 직후라는 점을 감안하면 전쟁 중 도장과 크게 다르지 않을 가능성이 크다는 것을 짐작해 볼 수 있겠습니다. 또한 제10전투비행단의 103대대장을 역임했던 박재호 장군은 무스탕의 스피너 색상이 각기 다르게 도장되었다고 증언을 남겼습니다.

전쟁이 끝난 다음 달인 8월 15일 광복절, 대구시가 문화극장에서 개최한 '공군 전투조종사 환영대회'에 참석한 조종사들과 공군, 그리고 무스탕 기체의 사진입니다. 이 사진은 2013년 12월 제10전투비행단 수장고에서 발견되었습니다.

마찬가지로 같은 날의 사진입니다만, 오른편 뒤쪽 하나의 기체에 삼색스피너가 보입니다. 이 기체는 김영환 대령의 전용기라고 박재호 장군이 증언했습니다. 김영환 대령은 6.25전쟁 당시 가야산으로 숨어든 북한군을 섬멸하기 위한 미군의 해인사 폭격 명령을 거부해 해인사와 팔만대장경을 지켜내고, 공군의 상징인 빨간 마후라의 기원을 만들어 낸 장본인이기도 합니다. 아쉽게도 전쟁이 끝난 후인 1954년, 행사 참석차 강릉으로 비행 중 악천후를 만나 동해시 인근 상공에서 추락, 사망합니다.

제10전투비행단 101대대 - 빨강 스피너

제10전투비행단 102대대 - 파랑 스피너

김영환 장군의 기체로 알려진 무스탕 205번기는 다음 페이지의 사진에서 확인되듯이 빨강, 파랑, 노란색의 3색 스피너와 수직꼬리날개의 검은색 국적 알파벳이 특징입니다. 이는 빨강, 파랑, 노랑으로 대표되는 제10전투비행단의 3개 대대를 지휘하는 최고지휘관기의 의미라고 알려져 있습니다.

사진으로 볼 때 국적마크 K와 숫자의 크기와 형식은 일정한 것으로 확인되지만 태극기와 번호의 위치 및 크기, 그리고 각각의 컬러는 특별히 정해져 있지는 않아 보입니다.

제10전투비행단 103대대 - 노랑 스피너

제10전투비행단 단장기 - 삼색 스피너

바우트윈 참고문헌 목록

『6.25전쟁 증언록』, 공군본부.
『6.25 참전 수기집』, 공군본부.
『격동의 구한말 역사의 현장』, 조선일보사, 1986.
『공군사』, 공군본부, 2010.
『내가 겪은 한국전쟁과 박정희정부』, 도서출판선인, 2004.
『미공군 제6146부대 부대사 1,2』, 공군본부, 2010.
『사진으로 보는 한국백년 1876-』, 동아일보사, 1979.
『한국전쟁전후 민간인학살 실태보고서』, 한울아카데미, 2005.
『한국현대사 119대사건』, 조선일보사, 1993.

강준만, 『한국 현대사 산책』, 인물과사상사, 2004.
구와바라 시세이, 『촬영금지』, 눈빛, 1990.
권혁희, 『조선에서 온 사진엽서』, 민음사, 2005.
길광준, 『한국전쟁: 사진으로 읽는』, 예영커뮤니케이션, 2005.
김기진, 『한국전쟁과 집단학살』, 푸른역사, 2006.
김덕수, 『항공징비록』, 21세기북스, 2017.
김영호, 『한국전쟁의 기원과 전개과정』, 성신여자대학교출판부, 2006.
러셀 블레이즈델, 『전란과 아이들』, 세종출판사, 2008.
미해외참전용사협회, 『그들이 본 한국전쟁 2,3』, 눈빛, 2005.
박도, 『지울 수 없는 이미지』, 눈빛, 2004.
박도, 『지울 수 없는 이미지 2』, 눈빛, 2006.
박세길, 『다시 쓰는 한국현대사』, 돌베개, 1992.
브루스 커밍스, 『브루스 커밍스의 한국현대사』, 창비, 2001.
브루스 커밍스, 『한국전쟁의 기원』, 일월서각, 1986.
육군사관학교, 『한국전쟁사 부도』, 황금알, 2005.
이규헌, 『사진으로 보는 독립운동-하』, 서문당, 2000.
이윤식, 『신화의 시간』, 비씨스쿨, 2012.
전상국 외, 『나를 울린 한국전쟁 100장면』, 눈빛, 2006.
조풍연, 『사진으로 보는 조선시대: 생활과 풍속』, 서문당, 1999.
존 톨렌드, 『존 톨렌드의 6.25전쟁 1,2』, 바움, 2010.
주지안롱, 『모택동은 왜 한국전쟁에 개입했을까』, 역사넷, 2005.
중국 해방군화보사, 『그들이 본 한국전쟁 1』, 눈빛, 2005.
최인훈, 『광장/구운몽』, 문학과지성사, 2001.
하리마오, 『38선도 6.25 한국전쟁도 미국의 작품이었다』, 새로운사람들, 1998.
Dean E. Hess, 『戰頌歌』, 공군본부, 1998.
Time-Life Books, 『Life at war』, 한국일보, 1988.

『Wings of Fame』 vol.1, Aerospace Publishing, 1995.
『Wings of Fame』 vol.4, Aerospace Publishing, 1996.
Bert Kinzey, 『P-51 Mustang Part 1』, Squadron/Signal Publications, 1996.
Bert Kinzey, 『P-51 Mustang Part 2』, Squadron/Signal Publications, 1997.
Harold Rabinowitz, 『Conquer the Sky』, Metro Books, 1899.
Jerry Scutts, 『Mustang Aces of the Eighth Air Force』, Osprey Publishing, 2012.
John Taylor, 『The Lore of Flight』, Crescent Books, 1976.
Larry Davis, 『F-86 Sabre: Walk Around No.21』, Squadron/Signal Publications, 1999.
Larry Davis, 『P-51D Mustang: Walk Around No.7』, Squadron/Signal Publications, 1996.
Nigel Thomas, 『The Korean War 1950-53』, Osprey Publishing, 1986.
R. G. Grant, 『Flight: 100 Years of Aviation』, DK ADULT, 2002.
Robert F. Dorr, 『B-29 Superfortress Units of the Korean War』, Osprey Publishing, 2012.
Robert F. Dorr, 『Korean War Aces』, Osprey Publishing, 2013.
Robert F. Dorr, 『The Korean Air War』, Motorbooks International, 1994.
Warren Thompson, 『F-51 Mustang Units over Korea』, Osprey Publishing, 1999.
Warren Thompson, 『F-86 Sabres of the 4th Fighter Interceptor Wing』, Osprey Publishing, 2002.